ISBN-13: 979-8-5775-4784-4

REMEDIOS HIERRO MORENO

LLEVO
LA VIDA
PUESTA
Y amapolas en el alma

A mis hijos Silvia y Alejandro:
Sois la luz del faro que alumbra mis sombras entre paredes y puertas, la luz que nunca se apaga. Juntos cosemos la vida puntada a puntada con hilos de colores.

Notas de la autora:

Este libro nace de la más íntima necesidad de expresar sentimiento y e-
mociones guardados. Es un grito, una protesta, para que oigan y lean aque-
llos que cerraron los ojos frente a lo que estaba ocurriendo. Es mi historia,
la de muchas otras personas y quizás, también sea la tuya.

He aprendido a saltar las piedras del camino y pintarlas de colores; si te
ayudo a saltar algunas de las tuyas con esta obra, me sentiré feliz.

Hoy no camino sola tengo manos donde asirme. Si lo deseas puedes u-
nirte para que lleguemos juntos/as al punto del sendero donde siempre per-
manece la luz encendida si abres tu corazón.

AGRADECIMIENTOS:

A mi madre Mercedes que tuvo la valentía de traerme a este mundo sin tenerlas todas consigo. ¡Ojala! te lleguen estas palabras que nunca te dije aquí…Mama te quiero

A mi madre-madrina Rosario, que lo hizo conmigo lo mejor que supo y pudo. De ella aprendí muchos valores, entre ellos el amor y la compasión. Te quiero mama

A mis hijos Silvia y Alejandro el motor qué impulsa mi caminar. Sastres que remiendan mis pedazos rotos. Sin ellos transitar por esta vida sería muy, muy difícil.

A Rafael Carrasco por aguantar las horas que pasé delante del portátil. Gracias por la ayuda para que este momento sea posible

A Bruno Moioli autor del prologo, un amigo único y leal.

A "Las Fantásticas" Loli Gelo, Marivi Bravo, Regla González y Maribel Medina compañeras de fatigas y risas.

A Mariola Ordoñez amiga-hermana fiel desde la infancia.

A Gema Rufo, gran amiga y autora de la portada y otras ilustraciones presentes en este libro.

A Carmen Pacheco y Antonia G.Sousa por cederme varias de sus obras para ilustrar esta publicación.

A mi agrupación literaria; AMAL Mª Muñoz Crespillo. Rodearme de grandes poetas sin duda es de valiosa ayuda.

Gracias siempre por creer en mí y en mi poesía.

A mis compañeros/as del Aula de la experiencia 2015-2018 por alentarme a escribir y enseñarme tantas cosas. Al grupo de lectura Calíope.

A mi profesor de literatura Manuel Broullón quien me dio la confianza suficiente para creer en mi poesía.

¡Gracias! ¡Gracias!

Sin vosotras y vosotros esto no sería posible.

PRÓLOGO:

La palabra escrita tiene el poder de sanar heridas y lo hace ordenando y sacando fuera la semilla de nuestros pesares, de nuestros pensamientos y también sus frutos, las emociones.

Tanto los unos como las otras funcionan a una velocidad que dificulta su gobernanza, irrumpen sin pedir permiso, con inmediatez, de una forma contradictoria, dejando el poso de su contenido y así quedamos fácilmente atrapados por su funcionamiento caótico que una y otra vez nos hace revivir lo mismo.

Posiblemente por eso surgió la palabra escrita, para dar orden y aportar libertad a nuestra mente tantas veces enredada en sus ideas y tranquilidad a nuestro corazón. Aristóteles recogió la palabra catarsis de la medicina para llevarla a las artes y trasladar su significado a la necesidad del alma de liberar todo lo que la daña.

Esta es una obra catártica.

Las palabras desparramadas inicialmente sobre el papel en blanco terminan por encontrar su camino, dando distancia a quien escribe y curiosamente acercando a quien lee, y entonces surge esa chispa de libertad que consigue convertirnos en conductores de nuestras reflexiones dándonos el poder de hacer y deshacer, de avanzar o retroceder, de ordenar lo que sentimos desordenado y de dar sentido a lo que no lo tuvo.

En este proceso, seguramente cualquiera que escriba con el ánimo que otros lean está dibujando una línea imaginaria entre lo que quiere decir y esas personas. Adornando ese dibujo con palabras escogidas que describen su sentir y pensar; pero más aun, ha de empezar por perderle el miedo a estas, dándose permiso para contar.

Esa valentía impregna cada línea de la obra de Remedios.

Ella gano su libertad personal hace mucho, ahora, la comparte a través de sus palabras, de las metáforas, de los giros, de las luces y de las sombras descritas aquí, para que conste, para hacer libre también a quien la lee.

En sus poemas no solo hay un lienzo de vivencias, encontramos un manual de reinvención personal, seguramente del que fue inconsciente en sus comienzos la autora, pero que ha terminado por convertirse en aquello que le hace avanzar día a día hasta encontrarse con ella misma, y con la mujer que llevaba en su interior y durante tanto tiempo guardo y protegió.

Ese es el poder de la escritura, capaz de reconciliarnos con el dolor acumulado, con la persona que fuimos pudiendo reinterpretar nuestra historia para convertirla en nuestro legado aceptándola, aliviando el sufrimiento y estimulando nuestra aceptación. Conozco a la persona, y ahora escritora, disfruten de su obra y encuentren reflejos de su persona en el.

Acompáñenla, compartan su camino, y miren con sus ojos sus pasiones, verán claramente un antes y un después que quizás solo quizás, sea un reflejo de sus vidas.

O como escribió Mª Elena Walls y sin conocer a Remedios bien pudiera estar hablando de ella…

Cuántas veces me mataron
cuántas veces me morí
sin embargo estoy aquí
resucitando
gracias doy a la desgracia
y a la mano con puñal
porque me mató tan mal
que seguí cantando.

BRUNO MOIOLI MONTENEGRO
(Doctor en psicología)

~La poesía despertó y sigilosa rondo mi cama~

~Y nuestros deseosos ojos vivieron de nuevo con solo soñar~

~En este libro exsite el perfume de una amapola cuyas raíces sujetan mi vida~

Remedios Hierro Moreno.

Gema rufo

POEMARIO.

Quiero escribir un libro lleno de poemas,
un libro que exprese emociones.
Quiero que en cada palabra nazca
la vida, el verano, la primavera.
Que cuenten en sus letras que no existe
el invierno, el otoño o la muerte.

Eso no es posible porque
en la poesía siempre aparece
el llanto, la risa, la esperanza,
el miedo, el asco, la rabia.
El cielo, la tierra, el mar,
el sol, la luna, la nieve
y como parte de la vida…la muerte

En los poemas aparecerán fantasmas
vestidos de sábanas negras o blancas
y desnudos de alma.

Escribiré que lavé aquellas sabanas
y dejé que se las llevara el viento
directas al desván de una vieja casa
de cuya dirección ni quiero acordarme.

Hablaran de madres que no estuvieron
del amor de un ángel que no volvió
de un corazón roto y una tardía pasión…

                                    La poesía.

Dirán que estuve dormida, medio muerta
o medio viva y que desperté de un letargo
cuando al fin desperté regresando.

Que recorrí caminos largos, cabe una tumba
a un metro por año, diez centímetros por día
un centímetro por hora de mi media vida,
cincuenta metros para ser más exactos.

Escribiré que encontré de nuevo el amor
y me reconcilie con la vida.

Voy a escribir que decidí volar alto, muy alto
que aprendí a soñar, a reír,
a llorar sin descanso.

Voy a escribir un libro,
un libro con alma de amapola y
en cada hoja llevara mi vida puesta.

Voy a escribir un libro lleno de poemas.

PRIMERA PARTE
DORMIDA

Calor sofocante, domingo 1 de agosto de 1965:

No sé si era de día o de noche cuando nací y llegué a este mundo, entre llanto, lágrimas y frio. Aun a veces, tirito sin razón aparente y brota agua de los huecos que habitan en mis ojos.

Mi madre, estuvo sola durante el embarazo y en el parto; su marido se había ido a trabajar a Alemania y nunca volvió.

Se quedo sola con veintiocho años, sin trabajo, y seis hijos pequeños. Ese era el balance de su vida hasta aquel momento.

Supongo, que esa circunstancia es la que llevo a mi madre a dejarme con tan solo unos meses de vida al cuidado de mis tíos (su hermano y su mujer)

Tal vez pensó, que con ellos al menos se aseguraba que tendría los cuidados que necesitaba una recién nacida.

Dicen que era una niña preciosa con cachetitos sonrosados y rojos como amapolas.

Toda la vida creí la historia que me repitieron sin parar.

¡Cuánto debió sufrir mi madre por tener que dejar a su niña en otras manos!

DOS SILLAS DE ANEAS.

Dos sillas de aneas y una chaqueta vieja
así empieza mi historia, la que contó la abuela.
Nací en agosto, caluroso verano,
en dos sillas de aneas me hicieron la cuna,
y allí me soltaron sus manos.
Dicen que una chaqueta vieja tapaba mi cuerpo,
no tenía ropita decente ni sábanas nuevas
de pañales usaba algún trapo viejo.
Vino a verme la que es mi madrina
Más tarde mi madre ¿quién me salvo la vida?
– ¡Que no te quiere!
Siempre me decía
– ¿Cómo no puede querer a una niña tan linda?
Me cuenta mi madre (madrina)
qué, le preguntó a mi madre
– ¿Quieres tú a la niña?
–Si no puedes cuidarla, mírala pobrecita
con el culito picado y agujeros en la rodillas
– ¿Me la llevo a mi casa?
yo tengo una cuna y mucha ropita.
–Llévatela si quieres.
Le dijo mi madre, a mi madre madrina.
Y acabé en otra casa, con sábanas limpias
–No es buena madre quien da a sus hijos.
¡Si hasta paren los perros y quieren a sus crías!
Siempre que venía a cuento lo repetía.
Me lo contaron siendo tan chiquilla
que hasta el día de hoy
No había oído otra historia para desmentirla.

Mi madre se llamaba Mercedes, murió con 49 años en octubre de 1986, dos meses antes del nacimiento de mi hija Silvia. Nunca me atreví a preguntarle los motivos que la llevaron a dejarme en otra casa, con otra familia. Estaba demasiado enfadada pensando que me había dejado a mi suerte en manos equivocadas.

No hice preguntas y no obtuve respuestas.

SIN RESPUETAS.

¿Dónde están las madres que debían protegerme?
Una está lejos, la otra duerme.

¿Dónde están los hermanos que jugaban conmigo?
Se hizo de noche, ya están dormidos.

¿Dónde se quedó mi niñez y mi adolescencia?
Tal vez se las llevó el viento en aquellos días de tormenta.

¿Dónde quedaron las respuestas?

Revuelvo en mi memoria con la esperanza
de encontrar alguna pero, solo hallo
recuerdos entre una niebla espesa
y un atisbo de algo que parece felicidad.

Mi madre-madrina aun vive, pero en su mente, solo queda una niebla densa de algunos recuerdos de su niñez. Alguna que otra vez regresa al presente como una golondrina en primavera pero, de pronto aparece de nuevo el frio del invierno y la sepulta bajo su manto de nieve. El Alzheimer se apodero de ella ya poco queda de la mujer que me crio.

De nuevo no hay hueco para mi.

Antonia G. Sousa

RECUERDOS BORRADOS.

Recuerdos borrados en tu memoria,
cuando te miro no sabes quién soy.

Lágrimas escondidas asoman de pronto,
no sabes por qué recorren tu rostro.

De repente ríes, se ilumina tu cara
tampoco entiendes, cuál es la causa.

Con voz temblorosa acariciando mi pelo
me dices…«Mi niña, te quiero».
Crees conocerme cuando menos lo espero
efímero instante que se escapa corriendo.

Espesa, gris, casi impenetrable,
una niebla oscura envuelve tu mente,
aunque alguna vez, el sol aparece.

Pero, la noche negra avanza sin tregua
al vaivén de las sombras sin pena te entrega.

Sueño sin sueños te ahogan el alma
¿Y ahora?... ahora es por mi rostro
por donde corren las lágrimas.

Pero yo, si sé cuál es el motivo
que inundan mis ojos.

Se borró de tu mente mi recuerdo.

SIN PADRE

Padre sin cara
sin nombre, sin cuerpo
¿De dónde vengo?
Sigo preguntándome
nunca hallo respuesta

Durante muchos años, en más de una ocasión venía a mi mente recuer-
dos, destellos de imágenes o palabras que me hacían dudar si todo fue pro-
ducto de la imaginación de una niña con apenas 4 o 5 años o sucedió real-
mente. Veía, escuchaba y sentía los alaridos de la sombra de un espectro
que me sujetaba a la fuerza.

FANTASMA

Cae la noche aparece el fantasma
entre las sábanas la niña se retuerce
mira a la pared cierra los ojos
se abraza a la almohada.
Preguntas sin respuestas, temor, miedo, rabia.
Para soportar el dolor
de su alma y su cuerpo
ella, optó por tener su boca muda,
sus oídos sordos y sus ojos ciegos.
Cuando llega por fin la mañana
la niña descansa y al despertar
de nuevo comienza el calvario
al pensar que la noche caiga
y aparezca el fantasma.

Lamentablemente con el paso de los años descubrí que no fui la unica a la que el fantasma perseguía. Y fue evidente que no era mi imaginacion. Aunque pueda parecer mentira y cruel, sentí alivio cuando entendí que no estaba loca. Duele reconocer que… "Mal de muchos consuelo de tontos"

ESPEJO QUE LLORA.

Lágrimas reflejadas en el espejo
que limpian mi alma herida,
con cada gota de lágrima derramo
toda la amargura contenida.

Aparté la mirada triste del espejo.
durante mucho tiempo mi enemigo.
Para poder mirarlo de nuevo
fingí que era un amigo.

Al mirarme con mi nariz de payaso
de un intenso rojo colorado
asomó la niña que había dentro
recordé juegos pasados y
apareció una sonrisa en mis labios
que hasta entonces estuvieron cerrados.

Casas bajas de S. Pablo entre 1965 y 1973.
   Viví en una casita con techo de uralita y paredes encaladas de blanco. En la calle siempre había gente y bullicio de niños y niñas que gritaban, corrían, reían y yo, de vez en cuando andaba también por allí.
   Me encantaba jugar a imaginarme en un castillo donde era la princesa y un dragón me protegía. Recorría el campo que se encontraba cerca de la casa entre cardos y altos matorrales donde asomaban rojas amapolas semillas negras que parecían las pecas de mi cara. Las recogía una a una y hacía un ramo para casarme con el príncipe.

Creo que desde entonces tengo una conexión especial con estas flores.

Antonia G. Sousa

RAMO DE AMAPOLAS

Un velo de ilusiones cubre su cabello,
unos pies pequeños se apresuran al altar.
Unas manitas apretadas sujetan nerviosas
el ramito de amapolas de su boda real.

Entre altos matorrales la niña pecosa
tararea una canción que escuchó en alguna parte
el príncipe la espera asomado a su balcón.

Margaritas y violetas son damas de honor.
En el eco del viento un "si quiero" se oyó.
Corre que te corre, la niña no llega
soñando despierta, se quedó dormida…
tumbada en la hierba.

Las vecinas se sentaban en las puertas de sus casas a tomar el sol en invierno y en verano al fresco de la noche. Nadie sospechó nunca que un fantasma ululaba a sus anchas por allí.

Si los adultos no lo reconocieron, ¿cómo iba a hacerlo yo?

Rodeada de vecinos, hermanas, madres, abuelas y sin nadie para poder contarle aquello. ¿Dónde buscar protección? Si la persona que me hacia daño era quien debía protegerme.

NADIE LO SABE

Nadie sabe lo que se oculta en mi pecho.
Continúe el viaje entre mis sueños.

Ande caminos, visité lugares,
recorrí senderos largos y estrechos.
Quise contarle al río de aquel secreto
pero el río tenía prisa y ladera abajo
se fue corriendo.

En un callejón de espacios vacíos
y de sombras llenos,
quise gritar al viento, no pude hacerlo
amaneció, y no hubo tiempo .

Nadie supo lo que late en mi pecho
lo tengo oculto en lo profundo del pensamiento.
Nadie lo sabe; ni el día, ni el callejón,
ni el río, ni el viento.

Mi infancia fue a veces muy triste, de vez en cuando reía, bailaba y me sentía querida por mis hermanas. Pero siempre, me sentí el patito feo y raro que no encajaba en ningún lugar. No sentía ser parte de la familia hasta parecía que todos podían disponer de mí a su antojo.

Al fin y al cabo ¿Quién era yo? Solo una niña pecosa y latosa que andaba molestando.

No había foto del libro de familia en la que yo estuviera. Tenía dos familias y sentía que ninguna lo era. Castigos, algún azote con correa y a veces, me ataron a una silla. Dolor, gritos, pocas risas y mucho llanto. Sonrisas fingidas y un fantasma rondando mi cama cada noche

DOLOR.

A veces un rostro sereno

Ante el mundo muestra una sonrisa

Bajo un tupido y gastado velo.

Cabe ese dolor todo apretado

Con besos y abrazos silenciosos

Contra la pared y sus esquinas.

De rincón a rincón llenas

Desde el más temido olvido.

En aquella casa encerrada

Entre bolas de algodón y espinas.

Hacia el silencio mira mi corazón

Hasta un insoportable hastío.

Para así, llorar a solas que

Por la garganta no me sale la voz.

Según surgen las temidas caricias

Sin querer el cuerpo lucha

Sobre el filo de cama,

Tras la sonrisa se oculta

NUNCA HABÍA VISTO EL MAR

Nunca había visto el mar
nunca vio el vaivén sempiterno
de las olas en su constante bailar.
Nunca olió el aroma que
deja en la arena la sal.

Ni vio en el claro azul del cielo
a las gaviotas volar
ni conoció el rumor
del silbido del viento
que cuando el mar lo escucha
se pone a cantar.

No vio a la luz de la luna
teñir de blanco el reflejo del agua
y en un manto oscuro de espejo
a las estrellas brillar.

Solo lo vio en las fotos
de un libro de texto que
acostumbraba a mirar
allí, lo descubrió y
existía tan hermoso lugar.

Yo, tenía once años, pero nunca,
nunca había visto el mar.

Era todo tan misterioso a mí alrededor que no supe la fecha de mi nacimiento hasta que cumplí doce años y por mucho que pienso no recuerdo quien me lo dijo. En mi familia parecia que nadie sabía nada sobre mí, ni siquiera mi verdadero nombre que averigüe, cuando saque una partida de nacimiento para el DNI

Tal vez el universo se olvido de mí, porque en mi vida solo había sombras. Durante mi infancia y la adolescencia el fantasma no cesó en su empeño de llenar mi vida de oscuridad

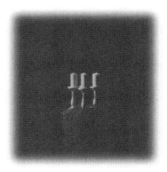

OSCURIDAD

Oscuridad, noche, penumbra
no sé cómo llamarte y aun así, eres una
en la inmensidad de tu negrura.

No te sientas sola, ven que te espero
abrázame, te abrazaré y despierta
te seguiré al interior de mi espacio
lleno de naves enemigas.

Cuando al fin cierre los ojos
ganaré la batalla.

Solo la luna llena era capaz de hacer que la noche no fuese tan negra y
fría, me consolaba pensar que su luz haría desistir al fantasma.

LUNA

Cuando no la veo la siento
cuando no la miro me mira.
A veces gris, otras blanca,
azul, roja, amarilla, naranja.

Luna grande y redonda
con cara oculta, con dos caras,
luna que creces y menguas,
luna qué lloras nunca duermes.

Luna cansada siempre despierta.
Vigilas atenta cualquier movimiento y
con grandes ojos oteas el inmenso universo.

Mi mundo era un caos, me aterraba levantarme temprano para estudiar
sentía pánico que llegara la noche. Mis notas escolares fueron de notables a
suspensos cuando tuve consciencia de lo que pasaba conmigo.

El fantasma dejo de temerle al sol, y se la pasaba ululando detrás de mí.
Ya no tenía refugio ni siquiera de día. En mi vida solo había días grises y
yo, sin paraguas para resguardarme de la tormenta.

CORAZÓN SIN PARAGUAS.

Nubes de tormenta de un día gris
lluvia intermitente, pasos acelerados
un cielo amenazante. ¡Rayos!
no importa lo que pase fuera,
porque dentro hay caos.

Ojos que se inundan de lluvia
arrastrando a su paso la piel.
Garganta que truena en un quejio
araña el silencio rompiendo
el murmullo del agua al correr.

Manos desnudas que a duras pena
contienen la riada al pasar
entre los dedos se escurre
el agua camino del mar.

Un pecho se acurruca y espera
el envite del rayo al caer.
Deslumbra y de pronto se apaga
tiembla la tierra bajo sus pies.

Arrecia la lluvia, su vida la aguarda
un corazón temeroso con frio
no tiene paraguas.

Tenía 15 años y aquel día no supe cómo, ni de donde saque las fuerzas y la valentía para hacerlo. Pero, una mañana de invierno, que estaba enferma y metida en la cama, el, se acercó con toda la intención en pleno dia

–¡No podía creerlo!– Algo me hizo incorporarme y enfrentarlo...

Al fin se acabo ¡Nunca más!

FANTASMA 1

Dos madres tengo yo
una muerta, la otra no.
Un padre sentado en un sillón,
asemeja trono de emperador.

Cinco hermanos que no lo son
rebelde, pecosa, y la cuarta, ¡yo!
en un palacio raptada, de
noventa metros cuadrados y una terraza.

El emperador ordena y manda
la esposa mira hacia abajo, calla.
La plebe agacha la cabeza y trabaja.

La cuarta no aguanta
de frente planta cara
la plebe la mira y se espanta...

¿Cómo te atreves? ¡Estás loca!
No la entienden bajan la mirada.
Pero es que nadie a saber alcanza
que ese emperador es...¡mí primer fantasma!

Hice un gran esfuerzo para enfrentarlo y es que, era tan, tan bueno con todos, que me llevo a pensar durante muchos años que lo ocurrido solo existía en mi mente. Le prohibí que volviera a envolverme de oscuridad. Y fue necesario abrir la ventana de la habitación de par en par, para que su olor nauseabundo desapareciera y su nombre se borrara entre los rayos del sol. Por fin entro la luz que me fue prohibida.

FANTASMA 2.

El fantasma cada noche
me envolvía con la sombra
de una negra sábana,
donde el miedo, la rabia y el llanto
ahogado en la garganta ronca
de tanto gritar en silencio,
era todo lo que había.

Arrastraba a su paso una cadena
toda cubierta de herrumbre.
Con cada uno de sus eslabones
arañaba el suelo.

Él, estaba condenado a vagar
buscando saciar su maldad,
dejaba tras su rastro
un olor a podredumbre.

Él, dejó de temerle al sol
y yo, cada vez,
más le temía a la noche
tenía la sensación que
llegaba antes cada día.
Pero encontré el valor y
me libré del fantasma una mañana.
Pero su sombra se quedó en la pared.

Él, no se dio cuenta pero
a cada paso que daban mis pies
más y más se abría la ventana.
Entró la luz por la rendija
de una vieja persiana
con cada tirón que le di a la cuerda
la pared se tornó más blanca.

La sombra se disipó entre los rayos
de aquél sol prohibido.
Ahora en aquella habitación
solo queda un leve olor a podrido
que se diluye con mi presencia
y se llena de mi perfume.

Todavía mantengo a raya al fantasma sin bajar la guardia y lo vigilo para que su sombra jamás cubra a ninguna otra niña. Hay que cuidar de ellas, son como un ramito de amapolas pero, ya no lo hare sola, ahora sus madres, abuelas, y tías, ya saben de la existencia del fantasma. Y yo...soy polvo de estrellas.

NO HAY OSCURIDAD.

Para iluminar la oscuridad
me convertí en polvo de estrellas
Tire los zapatos de tacones
sesgados por los celos,
deshice los nudos que
impedían mis movimientos y
corte las ligaduras que me ataban a ti

Cada una de las hebras
de aquella soga gruesa
me sirvió para hacerme
una cuerda nueva que
uso de tendedero para,
colgar una a una y sin alfileres
las sábanas blancas o negras.

Ningún fantasma volverá a
usarlas en mi presencia.
No hay oscuridad...

                  Soy polvo de estrella

Echo de menos a mis dos madres, una murió y no supo nada, la otra, tampoco está presente, aun estando su cuerpo sentado en uno de los sillones negros de aquella salita de la cárcel en la que siempre vivió sin saberlo.

MI MADRE ME CUIDA.

Transcurrió mi infancia
entre llantos y pocas risas.
no tenía conciencia de lo que ocurría.

Hoy pienso, ¡qué pena la mía!
no haberme quedado en aquellas dos sillas
las de aneas, las que me hicieron de cuna
con la chaqueta vieja y hermanos que me querían.

Tal vez, en esa historia que contaba mi abuela
falta algún dato que aún no me cuentan.

Quizás mi madre desesperada
no encontró alternativa
era mi muerte o mi madre madrina.

Si sus manos ausentes me hubiesen mecido
seguro el fantasma no hubiera venido
cada noche a mi cama, sintiendo aquel frio.

Mi madre yo sé que me cuida
en algún sitio me espera,
para darme ese abrazo
que nunca me dieron sus brazos,

                    aquí en la tierra.

Solo me queda el consuelo de pensar que donde quiera que estén cuidaran de mí. Creo que las dos se quedaron dormidas y cada una a su manera, mi madre se durmió un sueño eterno, y mi madre-madrina se perdió en el ensueño de una niñez que recuperó en su mente.

Y para no sentir tanto dolor en el alma ambas encontraron a su manera el camino de la libertad.

ALAS DE MADRE.

Viajo en un tren cargado de lunas
de ese que les gusta
a las brujas como yo.

He dejado la escoba
apoyada en la ventanilla,
junto a la maleta repleta de soles
y una pluma de lechuza blanca
para pintar embrujos en un folio.

Mis madres están dormidas
entre las neuronas de mi corazón
descansando de su último viaje.

Deseo llegar hasta ellas
empiezo a pintar un embrujo
y la formula no la encuentro
las lágrimas de Mayo no me dejan ver.

Yo quiero contarles un cuento
que alguna vez soñé

Escribo palabras en el folio
dentro de corazones
hechos con rosas rojas en forma de versos.

He firmado el poema con mi niñez,
poniendo en cada punto una peca
y al final del folio escribo un beso
pintado de rojo amor.

Abro la ventanilla
he dejado libre al folio
no sé como, se convirtió
en una paloma blanca.

Me pierdo en el cielo
mirando en el universo, la silueta
de aquel ave blanca nacida del papel.

Hoy abrí el buzón, esperaba una respuesta
y encontré unas alas para abrazar
mientras espero el abrazo de vuelta.

SU ÚLTIMO VIAJE.

Colores pintados al viento
palabras perdidas sin destino cierto.

Casuales sonrisas a unos ojos cerrados
una voz quebrada llorando el silencio.

Acaricia la mano un corazón quieto
labios apretados que no dan besos.

Paz eterna, el semblante sereno
Lágrimas de lluvia y una vida que nace
pies vestidos con zapatos nuevos.

Alcanzan sus sueños… último viaje.

-000-

Nadie viene
unos brazos esquivos
la nieve oculta.

SEGUNDA PARTE
DESPERTANDO

Buscaba incansable la forma de salir de esa cárcel de hormigón del sexto piso donde vivía. En aquella casa no había amapolas.

Solo era válida para limpiar, ir a la compra, cuidar de los sobrinos/as, o acompañar a mi madre-madrina etc. Sin embargo mis hermanas y hermano no tenían prohibido trabajar ni estudiar.

¿Entonces, que salida tenia? ¿Qué podía hacer?

HORA DE HACER.

Dicen que los ojos son el espejo del alma
y pienso, si mi alma es libre
¿Por qué mis ojos están tristes?

Dicen que la vida pasa y nada vuelve.
y pienso ¿Si solo tengo una vida?
¿Qué estoy haciendo?

Dicen que el amor se gasta de tanto usarlo
Entonces ¿Si no lo uso?
¿Cómo voy a disfrutarlo?
Dicen que quién esté libre de pecado
que tire la primera piedra.
Pero ya nadie las tira,

el mundo está lleno de ellas.

Dicen, dicen… cuántas palabras vanas

ya es tiempo de no decir tanto

y dejar de no hacer nada.

Con dieciocho años, conocí a quien fue mi marido (uno de mis fantas-
mas) pensé que un novio era la única salida viable que tenía. Tras dos años
de noviazgo nos casamos, y un par de meses antes de la boda me enteré que
me había sido infiel durante el servicio militar (MILI) y además, para más
inr,i me dijo que no sabía si podía haber dejado embarazada a la chica.

Lo perdoné, creí que me quería. Y con respecto a mi no dejaba lugar a
dudas, yo, si estaba embarazada.

Había encontrado a mi príncipe y llevaría por fin mi ramo de amapolas.

SÁBANA BLANCA (primera parte)

Un fantasma con sábana blanca
terminó de llevarse mi sonrisa
borrando las pecas de niña y
el color sonrosado de mis mejillas.

Le entregué el amor que me quedaba
cambió mis risas por llantos y
de mi vientre la esperanza
yo puse en sus manos.

Él, agradecido, quiso
Corresponderme con una casa.
solo alcanzó a darme una cárcel
palabras malsonantes
que salían de una boca
de alcohol apestada.

Envuelto en una sábana blanca
cada noche se acostaba a mi lado,
yo sentía el frio del invierno
y un cuchillo afilado
que rozaba mi carne
y cortaba mi sueño.

Otra noche, otra semana, otro mes... otro año.

Acababa de cumplir veinte años cuando contraje matrimonio. A los dos meses ingresé en el maternal por parto prematuro y complicado. Tras un mes hospitalizada nació Jesús por cesarea, y dos días después de luchar en la incubadora murió mi ángel. Aquel viento de otoño se lo llevó un 21 de septiembre. Desolación, tristeza, soledad.

A MI ANGEL.

Desde el silencio se olvidaron
las letras de un abecedario
que nunca fue escrito.

Desde el olvido se recordaron
palabras que no fueron dichas
en el eco del tiempo.

Desde el recuerdo me abrazan
las letras de tu nombre
las recuperé de aquel abecedario
que hasta ahora no escribí.

SIGUES EN MÍ.

Palpitó mi vientre aquel verano
sentí tus latidos, soñé tu carita
por un momento te tuve en mis manos.

Septiembre te acogió en su seno
depositó tu cuerpo en mis brazos.

Pero fue un espejismo te llevó el otoño
entre las hojas secas que caían del árbol
y dejó temblando a mi alma
con el frio de un viento amargo.

Mas yo, aún te siento
en la cicatriz de mi vientre
noto tu alma en la mano
y en mi corazón, en mi corazón
todavía, estas palpitando.

Mi vida no estaba siendo en nada como había soñado. Tras la muerte de mi hijo comprendí que había tomado una mala decisión al casarme. Él me culpaba, yo me culpaba por la muerte de Jesús. Un dolor insoportable, una tristeza profunda me invadía por aquella perdida.

Aun convaleciente en el hospital, mientras mi hijo yacía en una cajita blanca guardada por dos angelitos blancos, supe de una nueva infidelidad.

ROSAS ROJAS.

Una voz me llama, comienzo a seguirla.
Camino en la oscuridad de este otoño.
La pisada tímida de un pie pequeño
crujen las hojas y rompe el silencio.

Miro hacia atrás el paso acelero.
¿Y la luna? Está dormida no veo nada.
Pasos inseguros, tropiezo, me caigo
recojo del suelo una llave oxidada.

Donde agarrarme busco a tientas
alzo la mano, me cojo con fuerzas.
Una cerradura descubro en la reja,
decidida, con miedo,
meto la llave y abro la puerta.

Un jardín en penumbras
y un esquivo sendero
cubierto de hojas secas,
que guarda un secreto.
Sé dónde voy, me lleva el viento.

Sigo el camino hacia un faro viejo
que con luz velada alumbra el sendero
llegue a mi destino justo a tiempo.

Bajo un corazón de rosas rojas
sobre un granito negro
en el frio inerte del mármol leo…

«En mis labios una sonrisa
de los tuyos, quiero un beso.
De tus manos las caricias,
de tu voz, un Te quiero
De tu alma solo quiero, que no tenga prisa
cuando estés lista aquí te espero»

Allí me quedé, mi alma esperó cuanto pudo
y se quedó dormida abrazada a su alma.
La voz esta callada…ya no me llama.

Y de nuevo no podía contárselo a nadie, no había quien tendiera su mano para sujetarme. No hubo abrazos para desahogar el dolor más horrible que sentí jamás ¿Para qué seguir? Si la vida no tenía ningún sentido.

SOLEDADES.

Soledad en compañía,
cuando estas a mi lado
no siento cercanía,
ni tu mano, ni tu abrazo.

Soledad en solitario,
si me recojo en mi espacio
siento como fluye la sangre
del corazón palpitando.

Soledades son las mías,
las que siento a diario
si te recuerdo y te añoro
pero tu rostro se ha borrado.

Soledad cuando miro
al interior de mi teatro
y se representa la obra
de una lucha inconclusa
de gladiadores sin zapatos.

Soledades de una guerra
de quien quiere y no puede,
no se lo permitió la vida.

Soledad de quien vence
y de nuevo la espera
entre algodones y espinas
en un tiempo de paz,
de una paz sostenida.

Soledad cuando miro
asomada a mí balcón
no veo palomas, ni niños,
solo el nido vacío del gorrión.

Soledad es la muerte
metida en aquel cajón
nadie podrá verme, a nadie, veré yo

MEDIA VIDA.

Naci muerta
aunque mi corazón latía
porque nací, para vivir muerta.
Media vida viviendo una muerte
o media muerte viviendo una vida.

En una muerte, resiliente crecí
me hice niña en una casa que no era mía
dónde lo único que si fue mío era el miedo.

Algunas risas, muchos llantos
pocos besos, historias de una vida
que no viví entre pesadillas y sueños.

Tuve dos familias y ninguna lo era.
Un padre, dos madres, trece hermanos
muchos primos y una sola abuela.

Por tener hasta tuve varios fantasmas
el primero, iba cada noche a visitarme
a mi tumba de sábanas blancas

Pero lo eché una mañana estaba agotada;
él pisoteaba mis flores, las marchitaba,
ya no soporté más tiempo que me despertara
en mitad de mi muerte soñada.

Continúe viviendo una muerte anclada a mi cuerpo.

El segundo fantasma
dejó en mi vientre un corazón latiendo
que no supe si era semilla vida o de muerte.

Tal vez, por eso, él quiso dormir
porque se dio cuenta que no quería vivir muerto.
Él me esperará donde la vida es vida
pero la muerte solo un sueño eterno.

Seguí viviendo (no me quedó otra)
cincuenta años de una muerte vivida
y no tenía conciencia que
en la muerte me quedé dormida

Y es que en la muerte, en la muerte, no hay vida.

Una vida de miedos, desengaño, desilusión, gritos, menosprecios, empujones y mano levantada. En nada se parecía a la vida que imaginé. No era aquel príncipe que soñé, no fue un buen padre, compañero y solo se quedo en sapo.

Nuestros hijos solo eran míos, mi responsabilidad, y lo más curioso es que lo único bueno de aquella relación son mis hijos, Silvia y Alejandro; ellos dieron luz a mi existencia y un sentido a mi vida.

Pero, durante años no supe ver su sufrimieto.

Carmen pacheco

SÁBANA BLANCA 2

Una hija y un hijo que juegan
se ríen y de pronto callan.
Habitaciones en el pasillo,
refugio de puertas cerradas.
No tienen padre solo el fantasma
que ulula a sus anchas.

Lloran a solas no ven sonrisas
ni pecas en mi cara… yo los miro.
Me pregunto:
¿Dónde están sus risas?
Sin darme cuenta les enseñe a dibujarlas
con una barra de labios gastada.

El reflejo de mi rostro vi en sus ojos
sus voces me gritaron… ¡Basta!
Su amor superó a mi miedo.

Me vestí con sus sonrisas y
abracé fuertemente sus corazones
que estaban sedientos de risas.

Y al oído les susurraba:

Me querré como a nadie.
Me pintaré en la cara
las pecas que perdí entre las sábanas.
Sonrisas y amor serán mis armas.

Me tatué una sonrisa permanente
y entre las pestaña,
una lluvia intermitente
que me ayuda a limpiar el alma.

Lavé la sábana blanca,
la tendí al sol, a merced del tiempo y
sin alfileres, deje que se la llevara el viento.

Sombras ondulantes entre las cuatro paredes de la casa. La incertidumbre llenaba mis días, la desesperanza mis sueños.

Años de tinieblas, de dudas, de insatisfacción. Vida sin vida, muerte sin muerte, noches de insomnio

INSOMNIO

En mis noches de insomnio,
oigo en silencio a las hojas suspirar,
porque una golondrina reposaba
sobre el filo de las flores malvas.

Mis pensamientos no callan
tampoco dejan de dar vueltas y vueltas.

En medio de rumores confusos
hay palabras sin voz que
hablan en mi mente.

Muere la noche y nace el día
entre los brazos de la eterna madrugada.

Mientras una niebla azul índigo
cubre el inminente crepúsculo
con nubes perladas, en mi cerebro,
aún lucha el caos, cuya esencia es el todo
diluido en la nada.

Suena la puerta del ascensor, pasos, ruido de llaves en la cerradura, nudos en el estomago, temor a que abriera la puerta sin saber que podría suceder ¿Qué seria esta vez?

La ropa, el maquillaje, una llamada, los niños, el móvil, un trozo de pan cualquier excusa nueva o vieja era buena para discutir. ¡Me ahogo!

ANSIEDAD

Ansiedad que me rodeas con tus brazos
y cabalgas sin piedad por mis rincones.
Me deshaces el alma en mil pedazos
arrastrando por el lodo ilusiones.

Me aplastas, me oprimes, me dominas
me duele hasta el aire en los pulmones.
En mis ojos verdes adivinas
soy presa fácil de tus intenciones.

Las dudas se clavan como cuchillos,
el silencio me hiere enormemente
su imagen en mi cabeza son martillos
que aporrean y castigan a mi mente.

Por favor ten piedad, yo te lo pido
de este amor que le di y le pertenece
lo puse en su corazón, le hice un nido
anidando se quedo profundamente.

Quiero llevármelo conmigo
al presente desde el pasado
y se resiste como enemigo
que no quiere perder lo ganado.

Mi corazón se quedó desolado
no encuentra razón para latir
y ese toc-toc acompasado
el insomnio no me deja sentir.

Ansiedad afloja tus brazos
déjame que vuelva a reír y
pegarle a mi alma los mil pedazos.

Para nunca dejar de sentir
ese toc- toc, mecido en mi regazo
si solo una vida puedo vivir.
Ansiedad abre tus brazos ¡necesito salir!

Pensaba en el futuro, por más que quería no veía salida, me había ren-
dido. No tenía trabajo, no me sentía válida, no me quería a mi misma, no
era más que una mujer.

Deje atrás cincuenta años de mi media vida y comencé a caminar sin
rumbo fijo, perdida entre recuerdos y soledad. Pero solo me quedaba un
alma vieja con amapolas marchitas.

Me había desvestido de la vida dejándola colgada de la percha dentro de un armario bajo llave, que buscaba con insistencia sin suerte. Y es que estaba tan al fondo de los bolsillos que nunca la alcanzaba.

ME SIENTO FURIOSA.

Me siento furiosa por ver
mis lágrimas derramadas
entre la tierra de tus manos
y las pisadas de tus pies
en mi jardín de rosas rojas.

Furiosa, porque me convertí
en la abeja sin flor,
sin polen, sin miel
en la oruga que construyo
una mariposa fuerte con hojas de papel.

Me siento furiosa, cuando pienso
en los besos, los abrazos,
las caricias de ese amor
que parecía pero nunca fue.

Y cuando miro el calendario
donde se quedaron dormidos
los días de aquellos años
apoyados en la pared.

Dejo de sentirme furiosa
al permitirle a la noche
acogerme en sus brazos
y a la luna llevarme despacio
hacia donde esta mi sitio,
entre el todo y la nada a la vez.

Jugué una partida clandestina durante media vida y mis contríncantes eran la oscuridad, los fantasmas, el miedo, la rabia, la soledad o el llanto.

Por más que pensaba no encontraba cual era la razón de aquella mala suerte. Había estado jugando a perder toda la vida, sin saber que dentro de mí estaba todo lo que necesitaba para ganar.

Tenía las herramientas pero no la consciencia de tenerlas ni de cómo usarlas. En todas las partidas de póker que eché con la vida siempre llevé en las manos escalera de color.

Ahora sé, que perdí para aprender a ganar

EL TIEMPO JUEGA POKER

Hay ojos profundos que gritan cerrados
y un triste resplandor llegando el ocaso.

Hay susurros ondeando al viento
que buscan auroras pasadas
para llenar el hueco de la almohada.
Pero tú quieres sembrar el tiempo del futuro
sobre la oscuridad que va precediendo al alba.

Soltando tus alas con verdes esperanzas,
para aplacar a las voces del silencio.

Sigues intentando soñar futuros sin vivir
que vuelan entre la niebla del pensamiento.

No mueras para empezar la vida ¡por favor!
el tiempo juega sus cartas y él no va de farol
si te descuidas ganará la partida, y tú
en las manos llevas escalera de color.

En aquellos años empecé a sentir dolores extraños, pero el caso es que me resultaban familiares, era como volver al terror de la adolescencia. Esos dolores dejaban cada uno de mis músculos rígidos y extenuados por la tensión.

No tenía palabras para explicar que me dolía una simple caricia, un beso un abrazo, y hasta la raíz del pelo.

No tenía fuerzas, sentía apatía por todo, mi cuerpo quería partir y la noche quería quedarse.

RENDIDA

En la playa de arena mojada
por olas de espuma que
acarician suaves las conchas del mar.

A lo lejos, se vislumbra un velero
dibujada silueta de una postal.
Atardecer rojo, anaranjado horizonte
el sol está cansado y tranquilo se va.

Nostalgia en la noche me trae la luna
y un cielo estrellado de oscuridad.
Esa noche es la amante de todos mis sueño
les hace el amor con ferviente pasión.

El día impaciente, la espera despierto
pero nunca llega y en mis brazos
se queda dormida no atiende a razón.

Mi cuerpo rendido se queda tumbado
descansa en la playa de arena mojada
bañada de espuma por olas del mar.

Cuando quise darme cuenta había llegado a la edad en que no puedes dar marcha atrás y hay que dar un paso adelante o simplemente seguiras viviendo en el letargo de un sueño del que ya no puedes o no quieres despertar. Estaba justo en la mitad de algo parecido a una vida y era hora de reflexionar para saber que haría con la otra mitad. Entonces me pregunté ¿Qué quiero? ¿Quién soy? ¿Qué estaba yo dispuesta a hacer por mí?

Puse en hora el reloj de mi vida y le di cuerda suficiente para recorrer el camino que veía delante de mí.

TIC-TAC 1440.

Tic-tac…sigue corriendo el tiempo
Tic-tac…los minutos no esperan.

Agujas de un reloj que avanza
aunque el reloj se pare la vida pasa.

Mis ojos se abren y
la luz atraviesa mis pestaña.
Uno a uno se despiertan los sentidos
creando un efecto dominó.

El olor de la alegría me invade
una gama de colores arcoíris
me impregnan con su luz.

Sabores a fresa y menta trae la brisa
 y se agarran a mi lengua.

Descubre mi cuerpo
el tacto suave de otra piel.
A mis oídos le susurra
una voz dulce, suave, con cadencia,
que con amor le dice:

¡Despierta mi niña, ya es hora de echar a volar!

Entre fantasmas, sombras, y desganas llegue a los 50 años pero, no sabía si estaba muerta o medio viva.

Sentí que había estado durmiendo durante mucho tiempo y que me perdí entre la niebla mientras intentaba regresar a la luz. El despertador grito enfurecido ese día, llego la hora de dar un gran bostezo desperezar el alma y regarla con el agua que se acumuló en mis ojos.

AUSENTE.

La vida duerme el alma despierta
el hastió crece anida a sus anchas.
Miedo encoge hasta las entrañas
se siente en los huesos en la piel erizada.

Prefiero dormir una vida que pasa
aunque la luna se oculte cada mañana.

Un invierno agarrado en la garganta
y palabras de hielo que no dicen nada.
Corazón de verano el sol no calienta
mi yo se resiente mi cuerpo protesta.

Me miro al espejo y busco con ansia
para ver si me encuentro con una mirada.
Pero no me veo aun estando de frente
porque sigo dormida.

Estoy ausente

Mi hijo Alejandro buscó una asociación para que yo pudiera comprender que me pasaba. Silvia y Alejandro querían ayudarme, pero no sabian bien cómo hacerlo. Estuvieron siempre a mi lado en todas las circustamcias vividas durante aquellos años.

¿Por qué sentía aquellos dolores, aquel malestar y aquella desilusión por todo?

Tomaron las riendas, los tres necesitábamos entender.

ALARMA

Miraba con los ojos cerrados
parpados abatidos
de cansancio extremo.

Hablaba con los labios sellados y
la lengua atrapada entre dientes
gastados por el tiempo.

Andaba con los pies vestidos de
zapatos viejos trabados al suelo
y las rodillas hinchadas
caminaba sin rumbo buscando su sitio

Sentía, sin saber que sentía, si lloraba o reía
no sabía cuál era el motivo.

Un corazón que latía sin ritmo
simplemente sonaba por puro instinto.

Mente anestesiada, dormitaba ideas
palabras con alas buscando salida
jaula oxidada, se cierra la reja.

Una vida dormida que espera
sin saber que espera.

Las horas pasan, el tic-tac no para
a lo lejos se escucha un sonido de alarma.
Cada vez más cerca, más cerca,
tu alma te grita al oído…¡Ya es hora despierta!

Crucé la puerta de AFIBROSE (Asociación de Fibromialgia de Sevilla) y Alejandro prácticamente me empujo dentro.

Al entrar vi que de una de las paredes, colgaba un cuadro de un paisaje donde una mujer caminaba de espaldas por la orilla del mar. Al fondo de la pintura intuí unas dunas, y me imaginé que caminaba por la arena templada entre cardos borriqueros y altos matorrales recogiendo amapolas como cuando era niña.

Fui a buscar ayuda y la fibromialgia me salvó. Me dio la oportunidad de ser quien siempre fui sin saberlo. Sorprendida descubrí los colores de la vida.

RAMITO DE AMAPOLAS

Romero verde y oloroso que en el campo crece.
Amapolas rojas asoman entre blancas margaritas
Me gustan sus ardientes colores y me enamoran
Imitando el arcoíris tras la lluvia en el horizonte.
Todo se ve más claro con la mirada limpia.
¡Oh Naturaleza!

Danos la sabiduría de amar sin condiciones
Es importante verte, escucharte, sentirte.

Amarte y respetarte sin cuestiones

Marzo siempre es mar, cielo, tierra, aire y

Amanece después de la noche un nuevo día

Primavera de miles de aromas, sonidos y colores

Orgullosa de mostrarse ante el mundo.

Llenando los campos y ciudades de poesía

Alegra nuestro cautiverio con melodías

Suena el trino de los pájaros en los balcones.

Durante mi paso por Afibrose aprendí a quererme y a valorarme. Entendí que las circunstancias externas no puedo controlarlas pero, si puedo decidir que hacer con las emociones que me producen. Al fin comprendí que todo sucede para algo.

De un modo u otro supe al entrar en aquel salón que hallaría el camino a mi libertad.

DE CERO

Como un huracán henchido de orgullo sopla con fuerza,

el eco de una garganta gritaba...

¡Tu vida! Tú, que conoces el secreto del universo

vamos a dormir al mismo tiempo y

cuando despertemos seamos nada,

podamos empezar de cero, y nacer de nuevo.

Que en esta orbe inmensa de caos

se vislumbra el mundo y bajo el espeso manto de nieve

laten corazones de primavera.

Empecé a descubrir cualidades, capacidades, talentos y la alegría en mí. Sobre todo las ganas de aprender, de mostrar al mundo y a mí misma de la pasta que estoy hecha.

Me reté, me probé y me atreví. Fuí la oruga que se convirtió en mariposa. Todavía no tenia alas fuertes para aguantar un largo vuelo, pero tenía claro que debía entrenar duro para poder alcanzar el sitio más alto desde donde pudiese contemplar todo el mundo sin filtros que me impidiesen ver los colores.

¿ORUGA? NO, NUNCA MAS

Solo era una oruga, una más.
Sintió el peso del mundo
se quejo mil veces y grito muchas más.
Sus días pasaban soportando la vida
¡Solo era una oruga! Una más
 Arrastraba su cuerpo cargando peso
el tuyo, mío, y del resto.

Llego el otoño cargado de vientos
caían las hojas secas y con ellas
la piel arrugada y gastada del tiempo.
Bajo aquella capa de piel
quedaron alas al descubierto

Se puso frente a un nuevo espejo
¿Solo era una oruga? ¿Una más?

Miró su reflejo y vio alas grandes
llena de colores, un cuerpo diferente
un alma de mujer hecho mariposa
y un corazón lleno de emociones.

¿Seguía siendo una oruga?
 Estudio el vuelo de las mariposas
quiso aprender a volar, a volar
sola, libre y parar su vuelo en el infinito del eco.
Y creyó…que no era una oruga
¡Nunca más! Ya nadie le dice:

Tú no puedes oruga, tú no vales oruga
Extendió sus alas y desde el infinito del eco grito…
¡Yo soy nada contigo y soy todo sin ti!

Abrazó el cielo y dejo una estela
de polvo de estrellas, de sol de verano
y lluvia fresca de primavera.
Ya sabe que no es una oruga ¡NO, nunca más!

Todo esto trajo más sin sabores a mi matrimonio, ya no era la misma decían; efectivamente no lo era (menos mal) A quien conocieron nunca fui yo y quien en realidad era no le gustaba a mi entorno más cercano.
    Pero ya no me importaba que pensaran porque al fin llego la hora de ser YO

SIMPLEMENTE QUIERO SER YO.

¿Quién quiero ser?

Yo quiero ser quien siempre fui y no supe que era. Quiero ser lo que soy. Esa persona que vivía en mí y no dejé salir por determinadas circustancias.

La que puede mostrarse sin miedo, sin pudor y sin sentir que no es lo suficientemente valiosa para otros. La que puede expresar lo que siente, quiere, o desea.

Un buen amigo mío dice:"No puedo escoger lo que siento, en todo caso escogeré que hacer con lo que siento"

Y llega el momento en que descubres en ti un sentimiento, una emocion que te produce felicidad, satisfacción, que te hace soñar, que te hace sentir viva y decirte a ti misma:

"Hola, estoy aquí y pienso quedarme" Entonces tomas consciencia de que eres tú y solo tú, quien decide cada acción que acompaña a esos sentímientos y emociones que aparecen sin esperarlos ni buscarlos.

Y ya que no escoges lo que sientes, tal vez si, podrías escoger que hacer con eso que sientes. Porque eso depende exclusivamente de ti.

¿Qué quién quiero ser? – ¡Simplemente quiero ser yo!

Familia, amigas, amigos, personas conocidas; por entonces no hubo nadie que viese en mi la esencia de un ser único, genuino. No comprendieron que yo era mucho más de lo que querían ver en mi, yo era, soy y seré quien yo desee, quien yo me permita ser. Soy única igual que tú y llevo un gigante dentro

TEJIENDO VIDA.

Seguiré tejiendo con colores
el tapiz de mi vida.
Reforzado y con costura doble,
para que mi gigante sienta
que volvió a casa y no quiera partir.

Coseré con amor la unión de mis vestiduras
entre puntada y puntada soltaré un suspiro.

Recordaré los momentos vividos
dejando a mi gigante crecer con ellos.
Recogeré los pedazos rotos y
un vestido a mi medida coseré de nuevo.

Con generosidad, amor y respeto
le daré a mis vestiduras
colores y alegrías de primavera
calidez y sol de verano
vientos de otoño para deshacer telarañas
y recogimiento de invierno con largas charlas.

Tunearé mi pasado para
hacerlo mi gran presente.
Y traeré de vuelta a mi futuro
para que no se pierda entre la gente.

Viviré cosiendo con mi gigante
el vestido de mi vida y
dentro irá una persona
de la que nadie diga:

¡Mira es una más de muchas!
Pero si puedan decir
¡Mira es una cómo pocas!

Ahora me atrevía a mirarme al espejo me miraba con atención para encontrar el reflejo de quien era.

Me mire atentamente sin pestañear hasta que lo vi. Quien había dentro de mi era una persona muy distinta a la que se ve a simple vista. Por eso decidí que llego la hora de sacar a mi yo a la luz.

Fui al armario descolgué a la vida de la percha le di una sacudida y me vestí con ella. Ahora la llevo puesta, la acompaño de un alma de amapolas y dentro hay una poeta.

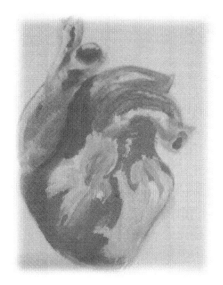

Carmen Pacheco

CORAZÓN DE POETA.

Salvé un corazón malherido
y maltrecho de las llamas
lo llevo conmigo desde antes del tiempo.
Alimenté su hambre y sacié su sed.

Poco a poco recupero fuerzas
una a una fui curando sus heridas.
Lavé su ropa y planché sus arrugas.

Se miró al espejo y siguió mirando
para ver si encontraba algún indicio
de quien era pero, solo vio
un rostro de piel blanca y
huellas de haber tenido pecas.

Vio unos ojos cansados llenos de vida
con una mirada inquieta.
Entreabierta a una boca que traga la vida
a bocanadas lentas, unos labios pródigos
en sonrisas, besos y una lengua
que ayuda a pronunciar… te quiero.

Unos brazos flácidos de tanto esfuerzo
durante años cargó todo el peso
el tuyo, el mío, el nuestro.
Bajó la mirada y al mirarse de nuevo
lo vio entre las arrugas del sufrimiento.

Descubrió en el espejo
a un corazón casi imperfecto.

Es mi corazón y aún con todo lo quiero.
ahora late con un ritmo nuevo
tiene música dentro y una pluma con tintero
que me ayuda a escribir estos versos.

Mirándome atenta al espejo he descubierto
al corazón de una poeta que
le escribe al sol a pesar de los truenos.

Después de mirar mi interior detenidamente frente al espejo decidí que
lo primero a cambiar sería mi postura ante la vida. Desde ese momento no
volvería a ir con la cabeza agachada y mostraría mi sonrisa.

Para ser yo de verdad, tenía que ver reflejado lo que yo veía en mi in-
terior. Era hora de volver.

REGRESO

Hoy, regreso a este lugar
dentro de mis sueños.

Hoy, decidí que debía volver
aún sin tener consciencia y
escuchar atenta a mis silencios.

Porque hoy sentí, que
echaba de menos al aire
al cielo, al suelo, a este lugar,
a soñar despierta y vivir en sueños.

DESPERTÉ

Desperté de un letargo
con los ojos aún pegados
me miro al espejo en silencio
me asombro, respiro profundo,
escucho mi voz.

Regresé a este lugar y ni siquiera
sabía qué me había ido.
Desperté y solo sentí… libertad.

Me deshice de una cadena de
la que nunca tuve conciencia.

Ahora aquí me permito
abrir los ojos de par en par
marcar mi ritmo al respirar
sonreír sin llorar y llorar sin descanso.

Porque hoy al fin…regresé despertando.

TERCERA PARTE
REGRESÉ

Regresé del sitio donde la vida no es más que una muerte despierta. Lo más importante para regresar era despertar del letargo que me tuvo sumida entre tinieblas.

Debía aprender a quererme, respetarme, escucharme y mimarme. Esencial era que practicara conmigo aquello que se me daba tan bien hacer con los demás; la generosidad. Tenía que tomar consciencia de cuanta fortaleza llevo dentro.

Cuando regresé conocí la resiliencia en mí.

Carmen Pacheco

¿QUE NO TENGO FUERZAS?

¿Qué no tengo fuerzas? pues no, no las tengo.
No tengo fuerzas para aguantar idiotas
que dan consejos que ni pedí, ni quiero.
No tengo fuerzas para hacer de mi vida tus deseos
o para que me vendas el papel del héroe bueno.

No tengo fuerzas no, no las tengo
las gasté esperando a un viento nuevo
que me llevara a surcar el océano en un velero
o me llevara en un cohete a cruzar el cielo.
Qué no tengo fuerzas dices?

Pues sí, es cierto que no tengo fuerzas.
No las tengo para ver tu cara, ni tu sombra
ni siquiera para ver el humo del escape
del coche que lleva tus huesos.

Pero no son fuerzas las que me faltan
son solo las ganas las que no tengo.
Las ganas de perder el tiempo
ni siquiera en el pensamiento.

Déjame decirte que no es cierto
que no tenga fuerzas, porque si las tengo.
Tengo la fuerza de hacer de mi vida lo que quiero
de sentir en mis venas la sangre corriendo
de saber lo que valgo y quererme por eso.

¡Que tengo fuerzas! Sí, las tengo
para dar abrazos y besos y no dejar que
lo que hiciste con nosotros
se convierta en mi lecho.

¡Qué siiii! Que tengo fuerzas, las tengo
hasta para agradecerte lo hecho
porque contribuiste a que sea quien soy ahora
Y me acepto y me quiero por ello.

¿Qué no tengo fuerzas?
Que si, que las tengo
para vivir riendo, para ponerme metas,
alcanzar mis sueños, y todavía me sobran
para seguir creciendo

Tenía que aprender, aprender y aprender sobre mí y mis inquietudes, sobre mi curiosidad, sobre mis capacidades y emociones. Es necesario mirar en tu interior y escuchar cuanto tienes que decir de ti.

Conocer y reconocer en nosotros los derechos que son fundamentales para cualquier ser humano; es primordial para una vida plena sin necesidad que otra persona te valore o apruebe. Cuando todos esten ausentes, la unica persona que se quedará a mi lado sere yo. Solo tengo una vida, no tendré ninguna otra oportunidad de volver para vivirla de otro modo.

VIDA

Como la luz del sol
ilumina el día
así te quiero yo.
Como el murmullo
del aire en mis oídos
así te quiero yo.

Como el éxtasis que
me produce el tacto
en mi piel al rozar su piel.
así te quiero yo.

Como esa emoción que
siento al contemplar
en silencio, la sonrisa
de un recién nacido.
así te quiero yo.

Como al canto de un ruiseñor
que deleita mis sentidos
así te quiero yo.

Como la noche quiere al día
como la luna quiere al sol,
así te quiero yo.

Como nadie jamás te supo amar
como nadie podrá quererte
así te quiero yo.

Así te quiero yo…vida
porque mi amor es infinito
y mi vida es tan pequeña
que así he de quererla

En el camino de una tierra ocre teñida de otoño, encontré la ayuda de Silvia, Alejandro, Bruno, Loli, Marivi, Maribel Alvarez, Juanjo, Benito, Gema y muchas otras personas que supieron ver en mi lo que ni siquiera yo era capaz de ver.

Se quedaron allí parados, justo donde una semillita estaba enterrada y cada uno dedicó un ratito a regarla con cariño, paciencia, y sabiduría.

Me ayudaron a abrir los ojos de par en par, a contemplar el mundo con los ojos de quien lo mira por primera vez. Descubrí la primavera, el amor, la amistad, los colores, olores y mi capacidad de asombro con las pequeñas cosas. Con tanto mimo solo podía brotar de mi alma amapolas que al parecer permanecían dormidas. Se abrió ante mí, un universo por explorar.

Gema Rufo

CINCUENTA METROS.

Ni siquiera mi media muerte
era una muerte de estar muerta
más bien era de media vida
sin estar viva que, pasaba lenta
a través de un reloj que tiembla.

Decidí que para que la muerte
descansara tranquila
cavaría una tumba muy honda
en aquella tierra de ocre otoñal.

Un metro por año, medio centímetro por día
un milímetro por hora de mi media vida
cincuenta metros para ser más exactos.

Enterré a mi media muerte
le puse una lápida encima y
le dedique unas palabras:

"Te esperare al final de mi vida".
Y me despedí soltando el velo negro al viento.
...tenía por delante una vida entera.

MEDIA VIDA 1

Se abrió mi tumba a través de la tierra
y regresé a la vida después de la muerte.

Estuve en un lugar lleno de sombras y miedos
regresé lentamente fui soltando capas,
de una piel que me pesaba
Se me fue media vida buscando mi sitio.

Quise descansar, me acurruqué
en la rama de tu árbol.
Me dormí y empecé a soñar.

Desperté con alas de mariposa
pintadas de matices y otra piel
en un cuerpo nuevo .
Aprendí a volar, volé muy alto.
contemplando el mundo por primera vez.

Tras un largo vuelo encontré mi lugar
en medio del bosque
un claro lleno de musas y colores
donde en pareja bailan palabras y sentimientos.

Bajé, me senté en el césped fresco y pensé:
En este valle frondoso y verde me quedo
a cielo abierto con mi pluma y un cuaderno.

Le puse nombre a mis miedos para mirarlos de frente y he ido construyendo herramientas para combatirlos y vencerlos.

He ordenado mis espacios para darle a cada uno su lugar. De vez en cuando se descoloca alguno, pero reflexiono, observo, y coloco de nuevo en su sitio lo que se movió.

MIENTRAS REGRESABA

Cuando regresaba me percaté que
deshice las huellas de mi camino
para que no tuviera baches.
Miré hacia atrás para asegurarme
que la pisada que me hundió el alma
desapareció en el olvido.

Voy labrando un sendero
donde los zapatos no aprietan
y van dejando mis huellas nuevas.
Con cada una de ellas siembro
semillas de colores y con el agua
que derramaron mis ojos
con paciencia las voy regando.

Cuido cada detalle para que
los tallos crezcan sanos, fuertes
y se conviertan en árboles y flores.

Estoy iluminando el sendero con
sonrisas de buenos días
y guirnaldas de te quiero.
Con besos de buenas noches
caricias y abrazos me fundo
en tu cuerpo para abrigar mi lecho.

Lamentablemente los fantasmas abundan y aparecen donde menos lo esperas disfrazados de mariposas, suaves caricias, dulces palabras y besos de amor. Esos fantasmas no conocen el amor de verdad y les molesta el brillo de otras personas. Son fantasmas tristes, perdedores, cuyo oficio es destruir la vida de quienes están cerca; sobre todo la de las mujeres.

Esperan el momento agazapados para saltar sobre su presa

Gema Rufo

LLEGÓ OTRO FANTASMA

Sin dar crédito a lo que escucho
palabras al filo de un cuchillo.
A gritos se oyen reproches sin sentido.

Contesto temerosa y triste
siento que no acierto en las palabras.
Quiero defenderme ¿Cómo lo hago?

Castigo con silencios eternos
¿He de pedir perdón?
Escalofrió, nudos en el estomago
no quiero recordar, se me encoge el alma.

En un instante se hace presente
la pena, me ahoga, es otra persona
no deja de ser un lobo en distinta piel
solo es, más de lo mismo.

Lágrimas resbalando, llanto ahogado
en pañuelos de papel.
Noches veladas en la oscuridad
de una habitación en penumbra.
Dos cuerpos en la misma cama
y un abismo de por medio.

Una tarde cualquiera, un paseo
una mano que aprieta el cuello
empuja, arrincona a un cuerpo
que tiembla contra la pared.

Puño en alto y salió mi gigante,
lo mire desde arriba y le grite ¡Basta!
¿Cuándo dejarían de aparecer fantasmas?

Hice las maletas, no sabía dónde volver… pero volví
y continúe mi viaje sin perder la esperanza.

Los fantasmas intuyen el rinconcito oscuro que aún queda en ti, y es casi imposible que desaparezca del todo.

Ellos lo aprovechan y de una patada derriban la puerta para entrar en tu interior. Yo no le cerré el pestillo a la puerta y se colaron otros dos fantasmas en mi vida. Esta vez no tarde en descubrirlos y echarlos.

OTRA VEZ ¿POR QUÉ?

Preguntas: ¿Por qué?
y nadie lo entiende
preguntas: ¿Por qué?
pero nadie lo sabe.
Dejas de preguntar
porque nadie responde.

El alcohol que se desliza
por la garganta
transforma el eco de una voz.

No soporto ese olor nauseabundo
no soporto su cara,
ni su forma de andar.
No soporto su presencia,
ni su forma de mirar.

Pero, solo es un fantasma, uno más.
Encenderé las luces de la casa
abriré las ventanas de par en par
el sol ocupará la estancia, la sombra se ira
Y yo, que soy mariposa
                    sé dónde he de volar

La vida se forja con cada paso que das, en cada minuto que va marcando tu reloj y en ese caminar tu alma se hace mas sabia acompasando la la melodía de tus huellas.

Hice un viaje muy largo lleno de baches y oscuridad. Todavía de vez en cuando, se asoma una niebla que me lleva a un pasado poco agradable y logra que me olvide de algo de vital importancia...

Mi presente.

Carmen Pacheco

MI MALETA

Viajaba durante la noche
en el tren de los recuerdos.
Llevaba una maleta donde cabía el ayer
 y un incierto mañana.

Al llegar a mi destino, un sitio junto al mar
que guardaba secretos, llantos prohibidos,
forzadas sonrisas ,cabellos anhelantes
 de viento y olas, deshice la maleta.

Pero con el vaivén del tren no recordé
que solo metí un temeroso pasado.

El mar me miró y en un abrazo de espuma blanca
me devolvió lo que era mío…la vida
Yo, le di a cambio todo lo que me sobraba
algunos fantasmas y el miedo.

El mar los agarro con fuerza, los ato con doble nudo
y los enterró en lo más profundo de su oscuro cieno.

Como el viaje de vuelta es largo
en el tren de los recuerdos
quiero ir ligera de equipaje.

He vuelto a llenar mi maleta
esta vez solo llevo una cosa…mi presente
Porque la vida, la vida…
                              ya la llevo puesta

Silvia y Alejandro son los dos ángeles que guardan mi alma, siempre están presentes en las ocasiones que mi corazón sufre golpes y se rompe en pequeños pedazos.

Mi corazón imperfecto y maltrecho tiene los mejores sastres que alguien pueda desear. Zurcen con amor usando un hilo invisible que solo ellos poseen. Van guardando a buen recaudo y bajo candado, cada trozo que cae a lo largo de la vida.

ENTRE NUESTRA ALMA Y LA TUYA

Para mis hijos Jesús, Silvia y Alejandro

Mamá no te preocupes por lo roto
coseremos juntos ilusiones y sueños
con hilo doble daremos puntadas
para coser uno a uno los pedacitos
del corazón y el ama.

Cosiendo haremos encajes de risas
y festones de besos para tu pelo.
tejeremos un vestido con tu vida
y un chal de largas caricias
para proteger tus sueños.

Coseremos un abrigo de terciopelo
que cobije entre sus costuras
al amor en el duro invierno.

Y con la tela de tu piel
haremos una camisa
que en las mangas blancas
bajo sus pliegues, guarde tus pecas de niña.
Tenemos hilo, dedal y aguja
en un costurero guardado
entre nuestra alma y la tuya.

Sal a la calle, no tengas miedo
que tres son los hilos, tres lo dedales
y tres las agujas que cosen tu traje.
Que entre el corazón y el alma no quedan retales.

Durante mucho tiempo fui a la deriva como un naufrago en un mar de sinsabores. Al encontrar el puerto sentí que era hora de echar amarras y construir un ancla fuerte que me sostuviera a flote cuando los temporales aparecieran de pronto intentando hundirme y doblando los mastiles que sujetan mis velas. Me rodee de brazos fuertes para hacer una cadena donde agarrarme en caso de tormenta.

GUERRERAS

Ventanas abiertas ojos que miran
murmullo en el aire bocas calladas
grita el silencio en mitad de la noche.
Con la misma sombra los hombres
las mujeres con el mismo nombre.

Guerreras con cien batallas perdidas
combatientes de guerras ganadas
en un jardín de colores silenciosos
pintan sus ilusiones rotas y
sueñan sueños sin almohadas.

Paso a paso con el cuerpo temblando
llegan juntas cogidas de la mano
abriendo las rejas violetas y oxidadas
con esperanza, cruzan al otro lado.

Las guerreras de un mismo nombre
a las sombras de aquellos hombres
las dejaron allí encerradas.

¡Allí! Donde no existen colores
ni palabras, ni silencios, ni alboradas
ni mujeres o niñas de rodillas
con la cabeza agachada.

Sin renunciar al amor, ni a sus vidas soñadas
por fin, gritan libres colores al viento
dibujan sonrisas al sol, a la luna…una tez sonrosada

Mis lágrimas forman parte del inmenso mar, van y vienen como olas arrastradas por el viento de las emociones. Entendí que son necesarias para ayudar a limpiar el alma, porque el peso de las gotas que se acumulan en mis velas no deja que el viento me lleve a mi destino.

Es necesario que llueva para que las amapolas no se marchiten y derramen sus semillas en el aire.

LLUVIA

Tu nombre en mi mente
los ojos cerrados
tus manos ausentes palabras al aire.

Días perdidos tiempo deshecho.
Nubes en el cielo anuncian tormenta,
gotas de agua mojan mi cara.

La lluvia cae, el sol no calienta.
Por el surco de la comisura de mis labios
gotas saladas caen una a una
cantando lamentos del alma.

Granizos gritando de dolor y angustia
la lluvia arrasa, limpiando esta tierra
maltratada por quienes
nunca supieron ver la grandeza,
de un arcoíris tras la lluvia.

Yo ansío esta lluvia, a veces suave,
otras furiosa y fría.
Espero esta lluvia que inunda mi ser
y que es solo mía.

La lluvia de mis ojos me ayudó a forjar a fuego lento dentro de mi co-
razon, una armadura de agua de la que me siento orgullosa por lo que fui
capaz de hacer con el agua que derramé.

No dejé que me ahogara el agua y la transformé en mi salvavidas. Hoy mantengo la vista al frente y doy cada paso mirando al horizonte para no perder el rumbo.

ARMADURA DE AGUA

Soy una guerrera vestida con armadura,
hecha de miles de gotas de agua.

Todas las gotas las gané
en cada una de mis batallas y
llevan el perdón en sus cristalinas aguas.

Al caer lavan tras su paso el rencor
que fue dejando tu mancha.

Para defender a mi alma
llevo en la mano una espada
que he forjado a fuego lento
dentro de este corazón en llamas
lleno de vida, fuerza y esperanza.

Soy una guerrera con armadura,
hecha de miles de gotas de agua.

Agua que calma la sed de
mi boca y mi garganta ásperas
de tanto tragar palabras que
arañan para abrirse paso
a través de tu salvaje fauna.

Por eso he creado un sendero
por donde andar descalza y
voy aplastando con mis pies
la maleza de tu raza.

Con las gotas de mi armadura
siembro semillas sanas que
brotaran como jazmines
con aromas de esperanzas.

Llevo con orgullo mi armadura,
hecha con miles de gotas de agua.

No siento rencor tampoco siento odio, a veces, solo siento tristeza al
recodar que nada de lo sucedido fue mi elección. No quiero dentro de mi
aquello que me hace daño.

Es necesario, sanador dejar ir y comenzar a caminar con otros zapatos
nuevos

ZAPATOS VIOLETAS

Tras los pasos de mis pies pequeños
con zapatos negros,
ni siquiera quedaron huellas en el camino,
pasé de puntillas andando por el suelo.

Durante el tiempo que
tardé en hacer el trayecto
llevando puestos los zapatos negros
risas, lágrimas, silencios
y un semblante serio
con ojos cerrados al miedo.

Crucé el camino a veces jugando
otras veces con el alma hecha pedazos.
Pero cuando al fin cambié de zapatos
el camino dejó de ser tan estrecho y largo

Ahora que cambié el color de los zapatos
y los pinté violetas.
Voy pisando fuerte con pies valientes y
el alma entera.

Cuando no existe odio descubres que el amor nunca desaparece de tu corazón. El amor nació conmigo pero ni siquiera desaparecerá cuando yo muera. Voy a dejar su aroma en el aire y si alguien me echa de menos solo tendrá que respirar hondo y ahí mismo me hallará.

Respiré profundamente mientras caminaba, y las mariposas que estaban dormidas volvieron a revolotear entre las amapolas de mi alma.

En el aire flotaba un nuevo amor

Gema Rufo

SECRETO

Me gustaría esta noche contarte un secreto.
pero déjame que te bese primero.

Déjame que te abrace y con un suspiro muy lento,
deja que recorra cada rincón de tu cuerpo
y que busque despacio donde el placer se hace eterno

Te miraré a los ojos, los dos sonreiremos
para seguir buscando tú mis besos, yo tu cuerpo
tú mis manos y yo, el más íntimo de tus deseos.

Susúrrame al oído que encajamos perfecto
que tus manos acaricien mi torso, mis senos.

Mis dedos susurraran tu nombre
mis labios dibujaran tu cuerpo.
El ardor de esta pasión romperá el silencio.

Cuando termine la lucha de este cuerpo a cuerpo,
cuando todo acabe, me dirás que me quieres
te diré que te quiero.

Temblorosa, extasiada de nuestro encaje perfecto,
voy a decírtelo al oído pero, déjame que te arrope primero.

Escucha a mi corazón hablar y su latir acelerado
en cada latido suena tu nombre impreso.
Escucha su sonido que te dice:
Me enamoré de ti… ya no hay remedio

No había remedio me enamoré como nunca. Sigo viviendo el amor porque a pesar de los truenos, rayos, vendavales y zozobras en el mar de lágrimas, yo, amo con el alma y siento con el corazón.

La vida no es nada sin amor.

SOLO TÚ

Solo tú , abrazas mi alma y mi piel.
Solo tú , ocupas los espacios de mis huecos.
Solo tu nombre, camina por mi mente
y pasea su recuerdo por mi memoria.
Solo contigo, palpito fuertemente
Solo tú, eres el presente de mi historia.

Espérame desnudo de alma y cuerpo.
como el mar insomne acuna al sueño
iré a buscarte en un velero
hecho de mis ganas, con tenues velas
tan henchidas de amor que corta el viento.
Déjame que te lleve al más íntimo
rincón de mis desvelos,
donde no existe ningún sonido
solo el silencio de mis deseos.

Quiero reír a carcajadas hasta que me duela la barriga, quiero sentir las caricias de unas manos que no acaricien solo mi piel, sino que tambien acaricien mi alma

Quiero volar sin alas, que la brisa me eleve alto con solo rozar mi cuerpo. Quiero soñar con los ojos abiertos y descubrir que esos sueños son el reflejo de la realidad. ¡Quiero amar, amar, amar!

VOLEMOS

Encontré cobijo después de un largo camino
bajo el árbol que contiene nuestros cuerpos
fundidos en sus raíces. Sus ramas bailando
me anunciaban tu llegada y curioso,
asomaba el pico un Petirrojo entre sus verdes hojas.

Mi alma al mirar el árbol se hizo luna
y solo tu sonrisa asemeja el rojo de aquel pajarillo

Yo siempre te esperaré resguardada en su tronco,
estaré despierta o puede que soñando.
Porque extraño tus brazos, tu cuerpo tembloroso
y a nuestras miradas deseosas
descansando sobre la almohada.

La vida se escapa sin siquiera darnos cuenta.

Volemos juntos en silencio o con ruido
pero nunca dejemos de batir nuestras alas.

Te propongo que volemos juntos… volemos.

Por un tiempo los dos volamos alto y unidos, pero se necesitan alas fuertes para aguantar las sacudidas de los furiosos vientos. Cuando aparecen las sombras de espectros disfrazados de mariposas si el amor no es solido se resquebraja y duele. El nuestro se tambaleo y casi llegó al suelo dejandonos lastimados, con un dolor como nunca antes.

DUELE

Me duele el alma, me duele.

Me duele tu ausencia porque
nunca estuviste a mi lado,
ni me diste un lugar donde vivíamos.

Me duele el alma, me duele
me duele el silencio de tus palabras.

Me duele el alma, me duele.

Por haber perdido el tiempo,
la energía, el cariño, el amor
las risas, los besos y abrazos
que se fueron por la puerta
del piso cuarto y dejaste que
se los llevara un fantasma borracho.

Me duele la vida, me duele.

Me duele el llanto y hasta mí
esencia se está marchitando.

Me duele esta tierra, me duele,
estaba llena de aromas y era
fértil de colores y amapolas.

Me duele la tierra que cubre mi cuerpo
y tras tus pasos se quedó yerma
hecha pedazos, melancólicamente amarilla
de un otoño derramado
entre las hojas secas de mi ocaso.

Me duele ese vacío, me duele.

Duele el profundo hueco que
al pisarme dejaste, marcando
tus huellas en mi alma
me duele como nunca me dolió antes.

Me duele el alma, me duele.

Tu sonrisa clavada en mi mente
y tus caricias en mi piel tatuadas.
Me duele el amor entregado
¿A cambio de qué? A cambio de nada.

Me duele, el alma me duele.

Me duele el amor que no supiste darme
lo poco o nada que me valoraste.
Me duelen tus labios al besarme
me duelen tus abrazos y cuando
hicimos el amor sin el cobijo de un árbol.

Me duele decirte adiós, sí, me duele
ojalá que el universo se entere
para que a nadie más le duela
todo lo que a mí me duele.

Me duele este poema que te escribí.

¡Cuánto me duele el alma! ¡Cuánto me duele!

Dolió por un tiempo, pero nada es eterno, ni siquiera el dolor o la tristeza. El dolor es una emoción que siempre estará en nosotros y si la analizamos bien entenderemos que es nuestro aliado. El nos protege, nos ayuda a entender que situaciones no queremos volver a vivir; nos da oportunidad de crecer, aprender y cambiar actitudes dañinas para nosotros.

Sin embargo el amor es capaz de sobrevivir en medio de cualquier tormenta y siempre, siempre te esperará. El dolor y la tristeza a veces, te ayudan dejando el camino limpio para encontrar ese amor. Nada doy por hecho por eso, nada tengo y lo tengo todo.

NADA ES LO QUE TENGO

Todo es nada, más,
nada es lo que tengo.

Solo poseo algunas cosas,
una voz, unas palabras,
un corazón, un cuerpo
un arcoíris en mi mente,
un árbol sin jardín,
un nido con sus huevos
semillas germinando
y una musa que va y viene
en el eco del silencio.

Aunque tengo pocas cosas
lo tengo todo, más que eso
ya no hay nada,
llevo la vida puesta
y amapolas en el alma.

Pero a pesar del dolor nunca dejé de soñar. Tengo algunos sueños para los que es necesario estar despierta y otros, precisan un sueño placido en el que dejarme llevar, sea cual sea, lo importante es vivirlos, disfrutarlos y no parar hasta que se conviertan en realidad.

SUEÑO UNA VEREÍTA BLANCA

Sueño una vereíta blanca
una vereíta que sale desde
mi calle hasta tu puerta.
Una vereíta blanca con
piedras bien dispuestas.

Desde la vereíta blanca
se ve el cielo azul celeste
una nube dibuja tu cara
y el sol, te espera impaciente.

Cruzando la vereíta blanca
hay un jardín lleno de flores que
desprenden un dulce aroma.
Se oye trinar a los pajarillos
que para verte asoman.

En la vereíta blanca que va
desde tu puerta hasta mi calle
hay tantas cosas hermosas
que no puedo contarlas,
porque me falta el aire.
Existe tanta belleza
cuando salgo a encontrarte
que deseo que llegue la noche
para ir a soñarte.

Ahora que conseguí abrir la puerta de par en par soy capaz de hablar de
mi vida, de mis sentimientos y mi dolor sin llorar ,con la valentía de quien
no teme a los fantasmas y no se avergüenza de aquello que otros hicieron.

LA PUERTA ABIERTA

En este lado de la puerta
hay palabras que ya no existen,
se desvanecieron en la nada.

Intentan hablar con muda voz
pero el silencio se quedó sordo
y no escucha ese sonido.

Al cubrir la noche las negras sombras
hice un refugio sobre un tejado rojo
donde el aire templado y sereno
me pudiera acariciar al amanecer.

Apenas rozando el tiempo
con una caricia salió el sol
imponente y atrevido
para ayudar a romper las cadenas
que sujetaban a esta alondra
con las alas rotas de raso negro.

Al conquistar el cielo,
callé gritos de salvajes cascadas
con tenues caricias
y una eterna y frágil pasión.

Ya puedo sentir la música
que emite mi garganta.

Sueño sueños que están por soñar
que me dicen: sal, sal que la puerta
se quedó abierta y tras ella,
hay una vida entera para seguir soñando.

IMPERFECTO CORAZÓN

Lloré sin parar muchas lunas
se inundó mi isla y cubrió
las hojas de las palmeras
que escondían cada suspiro
y las heridas de mis manos.

En el más imperfecto corazón,
allí, donde brotaron los sueños
mí regazo vacío emanó silencio.

Jugué a esconderme de la vida
bajo la sombra de un reloj de pared.

Practiqué la quietud del vacío y
aquel Dios que era de mentira
se hizo humo entre estos brazos
mendigando palabras de mis labios.

En silencio y quieta me tragué los miedos
para ahuyentar a mis cuatro fantasmas.

Cuando hice algo más que sobrevivir
comprobé que esas cosas que
no pude cambiar, al final me cambiaron a mí.

Dejé que mi cuerpo se atreviese a sentir.
Descubrí una vida de sonidos y aromas
que se mecían en el aire de cada estación
esperando a este imperfecto corazón.

Regresé despertando de un letargo donde no existían sueños y la vida estaba medio muerta y la muerte era media vida. Pero desperté, soñé de nuevo, sonreí, lloré, respire, abracé, besé, me arriesgué, bailé y aprendí.

Nunca perdí la esperanza y continuo viajando entre los retazos de esta vida que debo coser con amor.

CUARTA PARTE
MOSTRANDO
(ALGUNAS AMAPOLAS)

Hoy nada me impide que sea quien quiero ser, ni que muestre las amapolas que llevo dentro. Para ello me ayudo de las palabras y del sin sentido que a veces se forma en mi mente y que saco para darle forma al versar.

Brotan emociones y sentimientos que quiero compartir contigo que estas leyendo estos poemas salidos del alma. Poemas que hablan de amor, esperanzas, desamor, nostalgias, alegrías. Poemas que hablan de vida; de la mía o de la tuya.

PAPEL Y PLUMA

Abro los ojos en la oscura madrugada
hay un rumor que merodea mi cabeza
pero al abrir los ojos no veo nada.

Solo escucho en mi interior
un revoloteo de versos y palabras
algunas no tienen sentido(o eso creo)
hablan y hablan sin parar.

Me debato entre el sueño y la vigilia
pero los versos no dejan de hablar
piden paso a través de mi escritura
están presos en el limbo del pensar
y gravitan entre neuronas que trabajan
aunque el sueño me haga dormitar.

Hay muchas plabras que quieren salir
y mas las que quieren entrar
que, si no abro la puerta de este limbo
neuronas, palabras y versos se pondrán a batallar.

El sueño se fue de mi almohada
harto de tanto ruido. No sé si volverá.

Poeta soy en la noche hipnotizada
voy presta a la mesilla a mirar.

Alcanzo el papel y la pluma
mis gafas no pueden faltar
para abrir la puerta al sin sentido y
darle forma de poema al versar.

El papel me espera impaciente
mi mano escribe y no puede parar.
Recargo de nuevo el tintero
sin tinta la pluma se volvió a quedar.

El papel se quedó sin hueco
el rumor de mi cabeza conseguí acallar.

Ya si acaso mañana lo leo
que al fin quiso volver mi sueño.
Voy a volver a soñar.

AMANECE, LLUEVE

Amanece en Galicia, montañas con niebla,
el mar esta calmado, la ría respira y descansa.

Tras la ventana del apartamento del sexto piso
en el alfeizar de la ventana
una gaviota se quedo allí posada
mientras la lluvia, jugaba a mojar sus patas.

A través del cristal me miró curiosa
más yo, me asombré al mirarla
cuando ví tan de cerca extender sus alas.

Mañana serena la lluvia ya cala
suspiros de gotas tintineaban
en el cristal de la ventana.

Sonidos de otoño pero, en Vigo es verano.
Con la nariz pegada al cristal frío y húmedo
Observé en silencio como se posaba la bruma
sobre el azul marino del agua.

Entre la niebla espesa que se disipaba
al otro lado de la ría con luces encendidas
ví aquel pueblo coqueto llamado Cangas.

Igual que la lluvia paseaba orgullosa
dejando su música sobre las oscuras aguas
puso la ría para los barcos una alfombra
de espuma y olas para acunarlos.

Lágrimas resbalan por mis mejillas
suspiros callados de mi alma
acompañan a cada gota de lluvia
de aquella otoñal mañana.

Amanece en la ría la lluvia se escapa
corre que te corre el sol ya la alcanza.

Amanece en Sevilla y Vigo me abraza.

SECRETOS DE UN CALLEJÓN

El silencio se dibuja en tus adoquines
que soportaron cada pisada que di
llevándome hasta el quicio de tu puerta.

Y en tus paredes adornadas de pilistras
está impregnado perenne el otoño
lluvioso y nostálgico de aquellos años.

Lo mismo que antaño voy dando pasos
pisando los adoquines de este callejón penumbroso
en el que se respira recuerdos latentes de un amor caduco.
Como las hojas bailan al viento

nada permanece quieto, excepto
las paredes encaladas de un blanco impoluto
que forman tu callejón.

Ellas guardan secretos de ese amor
que pudo ser y nunca fue.

POEMA A LA LUNA

Me asomo a la ventana
atenta miro a la luna
está blanca, casi borrosa,
tímida y escondida entre las nubes.

Brotan lágrimas
de unos ojos que no veo
pero distingo agujeros
como cráteres iguales a los que
hay ahora en mi corazón.

En la noche, la luna
brilla y sonríe, vela mi sueño,
pero no la veo mis ojos
siguen inundados esperando al sol.

Me asomo de nuevo y ahí está,
melancólicamente blanca.

A VECES ME PIERDO

Estoy enfadada, a veces me pierdo
no consigo alcanzar el arcoíris
aunque mueva las alas sin parar.

Las amapolas me parecen tan lejanas
que decidí colgar una foto en la pared.
Las miro atentamente, sonrió
y vuelo ansiosa por el paisaje
que sembré en mi alma
con las alas cubiertas de lluvia.

Desapareció mi enfado,
lo borro el aleteo sosegado
que mantuve durante el viaje de vuelta.

Llueve de nuevo, las amapolas
ya no parecen lejanas,
un arcoíris apareció en la foto
que colgué de la pared.

Solo necesito una mirada
y un aleteo para alcanzar la libertad

Antonia G. Sousa

SARA

Pintadas de acuarela, flores en el pelo.
Parpados cerrados en sereno pensamiento.

Tenues los colores que envuelven su sueño
nada lo perturba ni el susurro del viento.
Se oye el silencio con solo mirarla.
Añorada inocencia que anhela el alma.

Emoción de colores acuarela perfecta
se paró el tiempo… Sara sueña.

Antonia G. Sousa

GONZALO

Entre estrellas y caracolas
poso su cabeza sobre
la almohada de arena.
Gonzalo imagino que soñaba.

Soñó que su cabello lo mecía una ola
y que el mar azul pasaba a través
de sus largas pestañas.
Soñó que su cuerpo descansaba
en un colchón blandito
hecho de espuma blanca.

Gonzalo, al abrir los ojos
miro hacia el infinito y
descubrió que entre caballitos de mar
el universo y el mar jugaban.
Gonzalo imagino que soñaba.

SOLO UN CORAZÓN
A mi nieto Daniel.

Sonríes contento cuando me ves
corres a gatas, sales a mi encuentro
me alcanzas y trepas por mis piernas
me fundo en tu abrazo de león.

Me miras a los ojos y te ríes
tus ojos y los míos
brillan al mirarnos
como miran los enamorados
con una mezcla perfecta
de vergüenza y amor.

Tu cabecita apoyas en mi hombro
con fuerza rodeas mi cuello.
Me miras de nuevo…sonríes.
nadie es más feliz que yo.

No existe el tiempo se para el reloj.
No hay noche ni día,
solo tu amor y el mío.
                    solo un corazón.

UN POEMA EN EL CAFÉ

Tarde de abril lluviosa
sobre la mesa…
café, pluma, y papel.

Mueve la cucharilla
a los versos haciendo círculos.
y tintineando suenan
las letras en el cristal.

Un sorbo pausado
y unas palabras
desprenden el aroma
del negro café.

Con el último trago
he compuesto un poema
que más tarde
entre los posos leeré.

Para mi hijo Alejandro, con todo el amor de mi corazón.
Nunca lo olvides…Tú puedes valiente.

ALEJANDRO, OTRA CHICOTA

Camiseta blanca del revés
cabeza cubierta por un costal
y a su cintura apretada una faja bien atá.

En su cuerpo hay tanta emoción
que no existe el esfuerzo ni el dolor.

El murmullo crece y se engrandece
hacia arriba miran ojos inquietos
y cubriendo el cielo de colores
cae una lluvia incesante de pétalos
bailando al son de una chicotá.

La música para, se detiene el misterio
y se escucha bajito:
— ¡Qué suerte mama!
La madre sonríe y mira a su hijo
—Se paró a tu laíto —le dice
La ilusión en su cara se ve reflejá.

Tres golpes de martillo y se hace el silencio
entre los ocho palos de la parihuela,
cuarenta almas calladas a compás.
Un grito rompe el murmullo de la gente…

Oídos atentos al capataz:
– ¡Alejandroooooo!
– ¡Quéeeeee!

Vamos al cielo con ella miarma
–Tos por igual valientes.

Otro golpe de martillo.
– ¡A esta es! ¡Vámonos de frente!
– ¡Ésta va por ustedes!
Grita con emoción el capataz.

El silencio lo rompe de nuevo el quejio
de cuarenta gargantas al compas
emitiendo un sonido que no hay
en el mundo nada igual.

Bajo las trabajaderas del aquel misterio
resbalan lágrimas por sus mejillas
en cada paso recuerdan
a quienes ya no están.

Detrás del misterio se oye a la banda
repique de tambores,
trompetas, cornetas y
al son de…"Costalero" se escucha…
– ¡Menos pasitos quiero!
– ¡La derecha atrás!
– ¡Alejandrooooo!
– ¡Quéeeee!
– ¡Tú puedes valiente!

                    ¡Otra chicotá!

MIENTRAS DURE

Una golondrina de alas negras
revolotea incansable en mi ventana
con rastrojos hizo un nido en el alfeizar,
suspendido, al filo de la nada.

Con su constante aleteo
alegra este tiempo
parado y extraño de primavera
me recuerda que fuera está
esperando impaciente el verano.

Yo, amaré la vida mientras dure el mar
y el sol entre la lluvia calentara mis manos.

SOMOS COMPAÑERAS

No somos más tampoco menos
somos sangre, somos aliento
somos el abrigo que te acogió en su seno.

Somos quienes te arropan
cuando nada te sostiene.

Somos los ojos que te miran
las manos que te acarician
las que te escriben poesías.

Somos emociones en estado puro
amor sin condiciones
corazones sin escudos.

Somos siempre compañeras
aunque el camino sea duro.

Mujeres; madres, tías, hermanas,
amantes, amigas, abuelas.
Somos la vida misma
 y también el universo.

Somos colores y sombras
de un mismo tiempo
 el rumbo que dirige el viento.

Somos agua, aire, tierra
la luz en la oscuridad certera.
Somos el todo y la nada
somos la esencia en el cosmos
el big-bang que lo comenzó todo.

No somos más ni somos menos
somos quienes guiarán al mundo
somos quienes terminarán las guerras.
porque ante todo fuimos
somos y seremos…compañeras.

HILO INVISIBLE

Agua cristalina de aquella fuente del estanque
Brota de la boca de leones sonrientes.
Corriendo gota a gota hacia el mármol de sus paredes.
De la manera más poética en su camino dicen tu nombre.
Encuentro en su sonido la alegría de tu recuerdo.
Frecuentemente te pienso, en mi corazón estas presente.
Gracias a tus besos, caricias y abrazos, en mi piel aún te siento.
Huelo tu perfume en el aire de cualquier estancia,
Intento que no me lo arrebate ningún viento de invierno.
Jóvenes somos de alma ¡Qué importa la edad que tengamos!
Karma dicen los budas cuando encuentras la mitad de tu alma.
Lo pienso de igual modo, pues eras tú quien me faltabas.
Llenas los espacios de mis huecos entre el pecho y la espalda.
Mimas mis momentos con palabras y sonrisas sin recelo.
Nada me perturba en tu presencia, nada me asusta a tu lado.
Pícara es la máscara sexi del pensamiento, pecar contigo es mi deseo
¿Quién no quisiera hacer lo mismo con la persona amada?
Recordando cada instante de pasión derramada
Sentir tus manos sobre mi cuerpo, tus besos rozar mi alma.
Turbado esta mi pensamiento de revivir constantemente
Una a una cada escena de un amor que traspasa la piel
Viviendo en tu recuerdo sigo presa como el
Whisky con hielo en un vaso del que no puede escapar.
Yo sé que no caeré en tu olvido por esta distancia
Zurcida está tu alma a la mía con un hilo invisible
$\qquad$ que solo tú y yo vemos.

INDICE:

Bibliografía de imágenes:

Unsplash, Gema rufo, Carmen Pacheco, Antonia Gómez Sousa, Remedios Hierro Moreno, María José Cordero.

Portada: Gema Rufo y Antonia G. Sousa
Poemario: Gema Rufo
Dos sillas de aneas: Jash Patel.
Recuerdos borrados: Antonia G. Sousa
Ramo de amapolas: Antonia G. Sousa
Fantasma: Camila Quintero Franco.
Nunca había visto el mar:
Remedios Hierro Moreno.
Oscuridad: Joz Barendregt.
Luna: Bryan Golf.
Corazón sin paraguas: Jamine Robinson.
Fantasma 2: David Dvroracek.
No hay oscuridad: Daniel Weiss.
Mi madre me cuida: Jake Trakers.
Ultimo viaje: Alex Wigan.
Hora de hacer: Karin Manjra.
Sábana blanca 1: Stefano Pollio.
A mi ángel: Bonnie Kittle.
Rosas Rojas: Cody Chan.
Media vida: Alexander Krivitskiy.
Sábana blanca 2: Carmen Pacheco.
Ansiedad: Ahmad Odeh.
El tiempo juega póker: amirali mirhashemian.
Tic-Tac, 1440: Jon Tyson.
Ausente: Jordan Baver.
Alarma: Kraft Romano.
Ramitode amapolas (acróstico): M: José Cordero
De cero: Ginghill.

De oruga a mariposa: Antonia Gómez Sousa

Simplemente quiero ser yo: Willian Farlow.

Tejiendo vida: Frank Mackenna.

Corazón de poeta: Carmen Pacheco.

Regreso: Daniel Mingook Kim.

Desperté: Gala Mayor.

¿Qué no tengo fuerzas?: Carmen Pacheco.

Vida: Fave Cornish

Media vida1: photo-nic.co.uk.nick.

Llego otro fantasma: Gema Rufo

Mi maleta: Carmen Pacheco.

Entre nuestra alma y la tuya: Les Triconautes.

Lluvia: Max Rovensky.

Armadura de agua: Aryan Singh.

Zapatos violetas: Dakota Krupp.

Secreto: Gema Rufo

Solo tu: Everton Vita.

Duele: Kristina Tripkovic.

Nada es lo que tengo: Jeremy Bishop.

Sueño una vereíta blanca: Tim Cooper.

Puerta abierta: Dawid Zawilac.

Papel y pluma en la mesilla: Aaron Burden.

Amanece llueve: Azrul Aziz.

Secretos de un callejón: Remedios Hierro Moreno.

Solo un corazón: anna Kolosyuk.

Sara: Antonia Gómez Sousa

Gonzalo: Antonia Gómez Sousa

¡Alejandro! Otra chicota: Remedios Hierro Moreno.

Printed in Great Britain
by Amazon